HILDEGARD MAIR

VO HINT UMI

GEWIDMET MEINER MUTTER

19. 5. 1933 – 19. 4. 2006

© 2006
Hildegard Mair
Schöffling 8
A-4730 Prambachkirchen

Verlag und Druck:
Plöchl Druck-GmbH, A-4240 Freistadt

Fotos: Stefan Mair

ISBN 3-901407-90-1

Wia wann nix waar

D´Bam san voi bozat[1)]
und d´Tulpm ums blüahn,
´s Gras schiabt gscheit a(n),
koa Wind is zum Gspüarn.

D´Sunn trikert d´Acker,
d´Baun san am Feld
und der Amslma(nn) singt,
als ghörat eahm d´Welt.

A Schneck kreilt[2)] am Stoa,
ganz langsam und stü(ll).
A gwendliger Moda[3)]
gegn Ende April.

„Wia wann nix gwen waar"
möcht´ ih fast sagn,
hättn´ ma(r) heut vormittag
net d´Mama ei(n)grabm.

1) bozat = voller Knospen
2) kreilt = kriecht
3) Moda = Montag

Hint umi

Ih bi vorn zuwi ganga,
hab a(n)pumpat[1], gwart,
gföslt[2] und gschrian.

Umasunst!

Auf des aufi bi ih hint umi ganga.
Dort is d´Tür sperranglweit[3] offn gstandn.

1) a(n)pumpan   = anklopfen
2) fösln   = wiederholt auf die Türklinke drücken
3) sperranglweit = bis zum Anschlag

A A zvül

Mei Vater
        hat gwisst, für was er arbat
        is der Arbat nia aus´n Weg ganga
        hat sih alls bluati da(r)arbat
        is bucklat wordn, vo lauter Arbat
        hat nix als wia garbat.

Sei Schutzpatronin war d´Hl. Barbara.

Er war in an Ziaglwerk Barabara[1].

---

1) Baraberer = Hilfsarbeiter

Abstieg?

Sein Urgroßvater war
K&K Feldmarschall.

Sein Großvater war
Wehrmachtsoffizier.

Sein Vater war
Gfreiter

und er is
Zivildiener.

Artgerechte Haltung

Sie steht den ganzn Tag
am Fließbandl und braucht a Ablöse,
wanns´ aufs Klo muass.

Er sitzt den ganzen Tag
stocksteif vorm Bildschirm
und programmiert.

Sie is a(n)ghängt
mit a paar kloane Kinder,
im achtn Stock auf sechzg Quadratmeter.

Er rennt den ganzn Tag
vo oana Kundschaft zur andern
und bucklt und schlickt.

Sie is gfesslt
ans Bett vo ihrn Ma(nn).
Er is a Pflegefa(ll), ausanand[1)]
und ka(nn) net sterbm.

Vonwegn artgerechte Haltung?

Euch haut neahmt,
euch zwingt neahmt
und um euch schert[2)] sih neahmt.

1) ausanand = verwirrt
2) schert   = kümmern

Augenblick

Sie hat auf sein Gsicht gschaut.
Er war der Schöner vo alle.

Sie hat auf sein Figur gschaut.
Er war groß und schlank.

Sie hat auf sein Gwand gschaut.
Er war fesch a(n)zogn.

Sie hat auf sein Nam gschaut.
Er war vo an guatn Herkemma.

Sie hat auf sein Geldtaschn gschaut.
Es war gnua drinn.

Wanns´ eahm oamal ind´ Augn gschaut hätt´,
hätts´ gwisst was er wert is.

Ausdeutscht

Wann oane zeiti is,
hoaßt´s nuh lang net
dass s´reif is.

Wann oane ledi is,
hoaßt´s nuh lang net
dass s´frei is.

Wann oane resch is,
hoaßt´s nuh lang net
dass s´hanti is.

Wann oane ´s Mäu(l) halt,
hoaßt´s nuh lang net
dass s´ nix zum Sagn hat.

Ausrama

D´Sammleritis is a Plag.
Ih schmeiss nix weg, ih samml grad
alls, was ma halbwegs braucha ka(nn)
und fü(ll) dahoam die Kammern a(n).

Des Klumbat wird scho rundum zvül.
Des Hamstern is koa Gaudigspül.
Wegaschmeißn, ih bring´s net zsamm.
Der Meini sagt: „Du bist ja krank".

Du schlicht´st nur um, ins ander Eck.
Ram endlih aus und hau was weg.
Alls was mehr als zwoa Jahr umasteht,
ghört in an Sack, der nach Afrika geht.

Mein liaber Ma(nn), ih rat da(r)´s net.
Schnell is oft a Blödsinn gredt.
Stöll da(r) doh vor, ih nahm dih beim Wort,
kunnt´s sein du waarst morgn scho ganz,
ganz weit fort.

Auszeit

Gestern hab ih ma(r) vorgnumma
dass ih morgn
ganz gmüatlih nix tua.

Ih hätt´ ma(r)´s für heut
vornehma solln.

Batznlippö

Graublau is mein Augnfarb,
graublau is mein Gmüat.
Seltn blau, oft grau in grau,
so hab ih´s weit zoft gspüart.

Glitzern soll´s, dass d´Funkn springan.
Ih mag´s , wann sih was rüaht.
A Batza waar vielleicht net dumm,
damit´s net farblos wird.

´s Bamal

Ih bi wia a Bamal,
des s´gsetzt ham in Loam.
Guating hart war der Bodn,
rundum und dahoam.

Waar gern hoimächti gwachsn.
So derf ma net sei(n)!
Weit z´oft hams´ mih zsammgstutzt.
Wollt´ vor bizzln oft schrei(n).

Der Wüdling treibt neu aus,
weit buschata wia zerscht.
Hab mih als Kind scho(n) fest gwehrt,
hat mih wer beherrscht.

Mein Rindn is rissi.
Hab gnua Schniaza dafangt.
Ganz seltn ham mih d´Leut
mit Handschuah a(n)glangt.

Wia der Bam dort, der Krumpe
siag mih ih als a Doan
des net grea in d´Höh wachst
und net tragt, wia d´Leut moan.

Hab d´Wurzln im Bodn,
muass lebm, wo ih bi,
doh wia grad dass ih wachs,
bestimm ganz alloa ih.

Bauernmuseum

Papa, was is denn des?
A Sichl.
Zu was hat ma denn des braucht?
Zum Gstöttn mah(n).

Papa, was is denn des?
A Sengst.
Zu was hat ma denn des braucht?
Zum Anger mah(n).

Papa, was is denn des?
A Motormäher.
Zu was hat ma denn des braucht?
Zum Bamgartn mah(n).

Papa, was is denn a Gstöttn,
a Anger und a Bamgartn?
Des, was heut nimmer gmaht wird.

Befreundet

Solang mir gfallt
was du tuast

und dir gfallt
was ih sag

und ih net hab
was du möchst

und mir uns
so gleih san

is unser Freundschaft
nix Bsonders.

Behindert

Im Heim wohnt a Ma(nn)
der denkt wia a Kind,
hat verkrüppelte Händ,
plutscht und is blind.

Im Park wohnt a Ma(nn),
den plagn Tarchinosn,
hat zwoa linke Händ,
mit de halt er d´Bierdosn.

Des zum Thema Integration.
Wer hat mehr Behinderung?

Beschützer

Mein Ma(nn) hat scho recht wann er sagt:

Ih bi a riesigs Schutzprojekt.

Wia ih d´ Kinder kriagt hab,
war ih im Mutterschutz.

Wann ih in sein Gartl arbat´
bin ih im Naturschutzgebiet

und in mein Alter fallt ma automatisch
unter Denkmalschutz.

Er hat vergessn zum Sagn:

Wer´s mit so an Ma(nn) aushalt,
ghört unter Artnschutz.

Brauch – ih net

Im Advent is´s da(r) Brauch
dass ma an Adventkalender aufstö(ll)t.
A Terminkalender waar gscheiter.

Zu Weihnachtn is´s da(r) Brauch
dass ma an Christbam herricht.
Somit is wenigstns oana gricht.

Zu Neujahr is´s da(r) Brauch
dass ma Raketn a(b)schiaßt
und die guatn Vorsätz fliagn davo(n).

Im Fasching is´s da(r) Brauch
dass ma a Maskn aufsetzt.
Oft wird vergessn,
dass mas wieder abertuat.

In der Fastnzeit is´s da(r) Brauch
dass ma sih mitn Fleischessn zruckhalt.
Mir schmeckt eh a Tortn weit höda[1].

Zu Ostern is´s da(r) Brauch
dass der Osterhas was versteckt.
Mindestns an Hunderter,
sunst ka(nn) er sih selbm verstecka.

Zum Muttertag is´s da(r) Brauch
dass ma in´s Wirtshaus Essn geht.
A so a Blödsinn,
d´ Muata kochat weit besser.

Zum Kiritag is´s da(r) Brauch
dass der Ma(nn) der Frau
Busserl hoambringt.
Guat dass zwoamal im Jahr Kiritag is.

Zum Erntedank is´s da(r) Brauch
dass ma a Krone bind´t.
Heut bindn unheimliche Gstaltn
´s Geldsackl zua,
nachdems´ Süßes oder Saures gschrian ham.

Den Brauch, braucha ma(r) net.

1) höda = viel besser

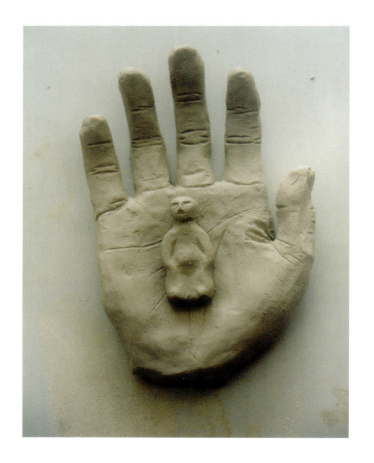

Brauchbar

Wia d´Kinder kemma san
hab ih gschaut
dass s´ alls ham
was s´ brauchan.

Wia d´Kinder zuwagwachsn san
hab ih gschaut
dass s´ net alls verbrauchan
was s´ ham.

Wia Kinder dauniganga san
ham s´ gschaut
was ma alls braucht.

Büldung

Am Weg ins Büro
triaf ih d´Frau Magister.

Sie is jung,
erfolgreich, schö
und gut ausgebildet.

Ih bi älter,
Muater vo drei Kinder,
vollschlank und net eingebildet:

„Go Morgn, Frau Magister!"

Charakter

Sie hat nix gmacht und nix brocha,
sih wia a Raupm verkrocha,

war vornehm und leicht,
fürn Weretag[1] net geicht[2]

und hauchdünn wia a Fadn.
Sunst kunnt ma nix sagn.

Was is aus ihr wordn?
A siemseidas[3] Doan[4].

1) Weretag   = Werktag
2) geicht   = geeignet
3) siemseidan = dünn, fein, durchsichtig
4) Doan   = Dame

Dardier-da-dar

A Bleamöstock am Fensterbrett
hat hoamlih mit eahm selber gred´t:
„Ih steh da mittn in der Sunn
und kimm vo lauter Durst frei um.

Des Grea(n)zeug is in Hausleutn Wurscht.
Bei mir hägan d, Blätschn, vo lauter Durst.
A paar Tröpfö Wasser und ih hätt´ gnua".
Des Gflenat[1] hört der kloane Bua.

Gegn des, so is eahm, kannstd´ was toa.
Er hoilt in Spritzkruag ganz alloa
und schreit durch´s Haus: „Dardier-da-dar[2]!"
D´Muata fragt, was denn des waar.

Blumi Durscht, Spritzkruag laar.
Geh weiter sunst, dardier-da-dar!

1) Gflenat = weinen
2) dadier da dar = vertrocknen

Der Autorin ihr Ma(nn)

Sie hat a Büachl gschriebm.

Er kunnt a Buach schreibm.

Der guat Wülln

Ih hab ma(r)´n net ausgsuacht.
Irgendwann war er da.
Ih woaß nur des oa(ne):
Er war net mein Gschmah.

Zerscht hab ih´n versteckt.
Es braucht alls sein Zeit.
Doh des hat sih bald gebm.
Heut zoag ih´n de Leut.

Oft nervt er mih wirklih,
oft schrei ih eahm nah
und braucht ih´n ganz gach,
is er meistens net da.

Er kennt mih scho lang
wia mih sunst Koaner kennt.
A Wunder dass er´s aushalt,
ih waar längst davogrennt.

Mit mir soll er alt werdn.
Derf mih net mit eahm spüln.
Wer woaß, wia ih waar
hätt ih koan guatn Wülln.

Der Fasching und ih

Du verquandst[1] dih so gern,
bist für d´Gaudi[2] zum Habm,
ziagst a Maskn vor´s Gsicht
und lasst alle ratn.

Du tanzt bis in d´Früah,
bis´s frei nimmer geht
und haust gscheit am Putz.
Schier nix is da(r) z´blöd.

Du vergisst deine Sorgn,
zumindest a Eicht.
Lacha und scherzn
und alls wird so leicht.

Ih bleib schö dahoam
und grübl und spar.
Du bist a Fasching
und ih bi a Narr.

1) verquandn = verkleiden
2) Gaudi = Spass

Dirigent

´s kloa Prinzal hat Geburtstag.
D´ ganz Verwandschaft ist da
und a Festl wird aufzogn,
wia wann´s zum Heiratn waar.

Der Geschenketisch böagt sih.
Ma ka(nn)´s net dazöhln.
Dabei woaß eh a Jeder:
Der Prinz mag net spüln.

Und Spritzkerzerl flimmern,
wias´ mit der Tortn auffahrn.
„Hoch lebe unser Liebling!
Heut gehn ma(r) net hoam!"

Und d´Blitzliachta blendn,
und d´Kamara rennt,
und d´Luftballon hängan
und d´Großmuata flennt.

Und runduma tanzns´
nach seiner Pfeiffn.
Der Prinz gibt in Ton a(n)
und neahmt wü(ll)´s begreifn.

„Pfüat dih Gott Prinzerl,
gib ma(r) schö d´Hand".
Er deut ma(r) an Vogl
und springt umanand.

Ih denk ma(r) mein Teil.
Kind – du bist arm.
Wanns´ dih weiter verscheißn,
wia geht´s da(r) dann morgn?

Die Allerbesser

Ih soll fastn, verzichtn,
meine Wadl vürerichtn,
turnen und renna
und allweil zsammnehma.

Nix Guats net begehrn,
mir selbm zoagn in Herrn
bis ma(r) d´Laster vergehn,
vom Guster a(b)gwöhn.

Dann bi ih die Schöner
und lass in Fotz[1)] hänga
und koa Mensch schaut mih a(n).
Des hab ih davo.

---

1) Fotz = Gesicht

Dominoeffekt

A bös´s Wort
end´t im Kriag.

A helfende Hand
wird zur Mission.

A Funkn
wird zum Inferno.

A Blick in deine Augn
und ih kann ma(r) nimmer helfn.

Ein Mann ein Wort

Gleih!

Durch die Blume

Mein Schneeglöckerlzeit,
mein Gänseblümchenzeit
und mein Sonnenblumenzeit
is vorbei.

Zeit der Zeitlosn?
Im Gegnteil!
Endlih Zeit zum Losn.
Zeit der Herbstzeitlosn.

Dürreperiode

Sie is durschti und
legazt[1] nahn Regn.
´s Zung nass macha is zweng.

D´Hitz tuat des Sein
und der vüle Wind, um nix
macht d´Kluft nuh größer.

Auf oamal lasst s´ in Kopf hänga.
Alls is vertrickat.

---

1) legazt = leckt

Ei(n)büldung

„Wannstd´ da(r) was ei(n)büldst
is´s zwecklos wann ma(r) red´t.
Ma kunnt´s nuh so guat moan,
du hörst oa(n)fach net.

Wannstd´ da(r) was ei(n)büldst
dann muass´s auf da(r) Stöll sein.
Aber tua, wia´s da(r) denkst,
ih red da(r) nix drein.

Wannstd´ da(r) was ei(n)büldst
rennstd´ mitn Schedl durch d´Wänd"
Solche Sprüch sagt mein Ma(nn),
weil er mih guat kennt.

Soo bi ih scho lang.
Es war net zu sein Schadn.
Hätt´ ma(r)n ih net so ei(n)büld´t
waar er heut nuh zum Habm.

Epidemie

D´Voglgripp is ausbrocha.

Ih hab mih impfm lassn,
gegn Gripp,
weil gegan Vogl
gibt´s koa Serum.

Es war einmal

Drei Mädl mit a Top Figur
depadiern in aller Fruah,
was für Problem eah Gwicht net waar.
Jede moant, sie is weit z´schwaar.

Da is d´Red vo Blitzdiätn,
die Nächste isst gleih nur Tablettn.
Kalorien zöhln bei jedn Bissn.
Langsam druckt mih ´s schlechte Gwissn.

Am Hödan jammert nuh die Dürra,
wia fetts´ net is, der Bauch steht vüra.
Sie kinnan vo nix andern redn
und ih Wutzl steh danebm.

Auf oamal, in an Liachtmoment
hat sih oane mir zuagwend´t
und freundlih gsagt: „Hauptsach gsund.
Die Gmüatlichn san meistns rund".

Faht ins Blaue

„Wo geht´s denn hi"?
„Was woaß denn ih!
Es is ma(r) ah Wurscht.
Hauptsach koan Durscht".

„Wo sats denn gwen"?
„Ih ka(nn) nix dazöhln.
Frag doh mein Frau,
ih bi heut nuh ganz blau".

Familientreffen

Ma versteht sih so guat,
Bussi durt, Bussi da.
Wo is denn dein Ma(nn)?
Der geht ma(r) heut a(b).
Is er leicht krank,
oder hats,n net gfreit?
Macht nix, ´s san eh,
guating gmua Leut.

Ma sitzt sih zuwi zum Tisch
und wart dann a Eicht.
So vü Lug wia den Tag,
für des alloa brauchstd´ a Beicht.
Wird doh d,Jausn bald kemma,
hoffentlih ham sa sih gricht
und nebm mir jammert Tant`,
die ganz Zeit über d'Gicht.

Des oanzi was stimmt,
d'Neugierd is echt.
Wia geht's deine Kinder?
Geh, lerna tans´ schlecht?
Na, da bi ih scho froh,
da gibt's nix bei die Mein.
Die tan sih ganz leicht,
sagt eahna Fräun.

Bistd´ denn scho Oma?
Ih beiß ma(r) auf d´Zung.
Die Dein derfn sih zuaschau,
san ah nimmer jung.
Dass sie´s halt net übersehng,
oder mögns´ eppa koa?
Wanns, net bald drüberrichtn,
sans alser Alte alloa.

Woaßd´ wen ih gsehng hab?
„Ih hab d`Julitant troffn.
Mein, hat sih die göltert.
Gell, der ihr Ma(nn)
hat recht gsoffn.
Sie is ja net zwieder,
waars´ net gar so verschlagn.
Von der wirstd´ nix inn.
Die brauchstd´ um nix fragn.

„Hastd´as scho ghört?
Miatzl hat a Bauparzelln kaft.
Möcht wissen für wen die,
um jedn Euro so raft.
Leutschia wirds´ ah scho,
sie geht seltn aus´n Haus".
A Wörtl möcht ih ei(n)zwicka,
doh des geht sih net aus.

„Mit dir kann ma so schnattern,
ih siag dih so gern.
Geh bsuach mih amal,
oder lass kurz was hörn.
Na, woaßtd´ was ma(r) machan?
Ih ruf dih bald a(n).
Ih gfrei mi scho heut
und gwiss ah mein Ma(nn)".

Wann´s so pickt und so siaslt,
kunnstd´ frei zuckerkrank werdn.
Und des Gredat übers Wetter,
ih kann´s nimmer hörn.
In Wirklichkeit interessiert´s neahmt,
wia´s wirklih geht,
ob dih d'Sorgn dadruckan und
wia's um dih steht.

So a schöheiligs Toan.
Es war so laut und so laar.
Des Pfüatn und 's Hoamgeh
fallt ma(r) net schwaar.
Ade liabe Schwestern,
liabe Tantn und Neffn.
Schön war´s, bis nächsts Jahr –
beim Familientreffn.

Floskeln

In der Firma gibt´s vü Leut
de schrein am Freida voller Freud:
„Ih wünsch da(r) a schöns Wochnend.
De ham koan Dunst wia´s bei mir rennt.

Ih bi koa Singl, net alloa,
muass Samsta, Sunda ah was toa.
Stattn relaxn, d´Zeit ausnutzn,
stattn Finger spreitzn, waschn, putzn.

´s Arbeitsrecht hab ih im Haus.
Mit´n Kollektiv schaut´s mager aus.
Um Gottes Lohn is seltn a Gris.
Ih bi so froh, wann Moda is.

Da wechslt ih in Arbeitgeber
und werklt dort, als wia a Blöder
und grüaß d´Kollegn mit an Lacha:
„Ih wünsch euch a recht schöne Wocha".

Frei - Net zum Glaubm

„Österreich is frei"
hat ´s Volk gjublt vor fuchzg Jahr.

„Österreich is bei der EU"
hat ´s Volk gjublt vor zehn Jahr.

Ih bi so frei und jubl´ net,
weil Österreich war vor fuchzg Jahr
freier als heut.

Früher und heut

Früher hat mas Lebm gnumma,
wia´s kemma is.
Heut wird bis ins Letzte plant.

Früher hat ma a Freud ghabt
wann ma was kriagt hat.
Heut is ma froh, wann wer was mag.

Früher hat der Ma(nn) was habm müassn,
dass er d´Frau dahaltn hat kinna.
Heut dahalt sih d‚Frau selbm
und dahabm ka(nn) er s´ sowieso net.

Früher war a Firmenchef stolz
wann er vü Leut beschäftigt hat.
Heut is er stolz, wann er vül Leut a(b)baut.

Früher hat´s an Wert ghabt
wann ma firmentreu war.
Heut bistd´ „net flexibl"
wannstd´ z´lang bei oana Firma bleibst.

Früher war der Geiz a Sünd.
Heut is Geiz geil.

Früher hat´s ghoaßn: „Red deutsch",
wanns´ oan net verstandn ham.
Heut muasstd´ an Haufn
Fremdwörter parat ham,
dassd´ mitredn kannst.

Früher hätt´ ih´s net glaubt,
dass´s heut a so is.

Gegn d´Natur

Der Has macht Mandl.
Er richt sih auf,
schaut wo er steht
kriagt an Überblick
und erweitert sein Horizont.

Warum derf ih net Mandl macha?

Genau betracht´ - vüseiti

Hint	wia a Brettl
vorn	wia a La(d)n
obmauf	gscheckat
unt	net am Bodn
ei(n)wendi	laa
außn	voi laut
oanaseits	frech
rundum	arme Haut

D´Gene

„Der Bua is da(r) wia abergrissn"
hat d´Frau zum Ma(nn) gsagt:

„Er hat des gleih Gschau,
denselbm blödn Spruch,
Füaß zum Drüberfalln,
zwoa linke Händ,
mit der Arbat koa Freud,
genausovül Durscht
und mit de Weiber koa Glück".

Gott zum Gruaß

Bussi links, Bussi rechts
und d'Händ bleibm im Sack.
Danebm wird vorbeigschaut,
´s Wangerl stroaft´s grad.

Klopft da(r) koana auf d´Schulter.
Nimmt dih neahmt mehr in Arm.
Vo lauter moanstd´ vornehm.
Gott zum Gruaß und Dabarm.

Grenzenlos

Lass mih aus!
Ih möcht ziagn
durthi wo´s koane Grenzn gibt.

Lass mih hoamkemma!
Ih hab glernt,
dass nur mein Phantasie grenznlos is.

Guate Nacht!

Meine Kindheitstram
warn lang a Drama,
bis s´ irgendwann
zum Trauma wordn san.

Wannstd´ net brav bist
mag ih dih net.

Hand in Hand

Ih möcht dih berührn
ohne Hand.

Ih möcht dih festhaltn
ohne Hand.

Ih möcht dih streichln
ohne Hand.

Ih möcht mit dir net nebmanand,
sondern mitanand
Hand in Hand alt werdn.

Hast du koa Arbat?

„Findstd´ da(r) koa Arbat"?
So hams´ gfragt vor vierzg Jahr,
wannstd´ umanand gstandn bist.
Es is ma(r) heut nuh im Ohr.

„Du lern zerscht amal d´Arbat
und dann redn ma(r) weiter.
Verdeah da(r) die Kost
vo Monda bis Freida.

Hättsd´ gern Feiramd[1)] nah´n Aufsteh
und d'Arbat bleibt liegn.
Den ganzn Tag nix toa.
Hörstd´ net wia d´Leut redn?

In Schädl voi Flausn[2)]
und laab[3)] umasteh.
Ih schaff da(r) was a(n)
dann wird da(r) der Blödsinn vergeh".

Heut bi ih gscheiter.
De Sprüch warn net blöd.
Ih woaß net was ih tat
wann ih d´Arbat net hätt´.

---

1) Feiramd = Feierabend
2) Flausn = Ideen
3) laab = faul

Herbstln tuat´s

Wann Drachn Richtung Himmö steign,
wann Nahmittag d´Leut Lauwat heign,
wann kalte Finger ´s Obst zsammgreböln,
wann grau und feuchtlat liegnbleibm d´Neböln.

Wann Mostmühl quöacht und d´Fassl wartn,
wann a(b)gramt wird, am Feld, im Gartn,
wann d´Autoreifn umgsteckt werdn,
wann bei der Treibjagd d´Hasn sterbm,

dann is´s soweit: ´s Jahr geht zum End.
Der Höröst gibt in Winter d´Händ
und broat´t an Tuchat übers Gmüat,
der erst im Früahling weggrammt wird.

Herzschmerz

Ih woaß´s nimmer wia´s gwen is,
des erste mal Sehng.
Ih woaß grad des oa(n),
dass ih´s gspüart hab, da drinn.

Bei dir war´s weit ärger,
hastd´ ma(r) lang danah gsagt.
Iazt is´s aus, is da(r) gwen.
Hast an Herzstillstand ghabt.

Warst ma(r) lang aus de Augn,
doh nia aus´n Sinn.
Du sagst bei dir is
a Entzündung hintbliebm.

Ih ka(nn) dih net heiln,
doh kunnt ih d´Jahrl zruckdrah(n)
möcht ih in dein Lebm
der Schrittmacher sa(n).

Ih mach ma(r) Sorgn

A Kranknbsuach steht am Programm.
Es fehlt net weit bei der Madam.
Kaum hab ih grüaßt: „Wia geht´s da(r) denn"?
hebts´ jammern a(n), richt über´s flehn.

„Der Kaffee is d´reinste Brüah.
Der Primar kimmt nia zu mir.
´s Handy hab ih a(b)stölln müassn.
Der Tuchat z´kurz und kalt in Füassn.

D´Schwester hat koa Zeit für mih.
D´Nachbarin is halbat hi(n).
´s Frühstücksemmerl is so zach.
Auf d´Nacht an Bsuach, mit Ach und Krach,

weil die Haut im nächstn Bett,
nix wia dauernd schlafn möcht.
Einzlzimmer, koans zum Kriagn.
Der Aufzug voi, bleibt neta d´Stiagn.

D´Luft herin is frei zum Schnei(dn).
Auf´s Alter brauchsd´ dih echt net gfrei.
Und überall derfsd´ neta zahln.
Ih lass ma(r) des bald nimmer gfalln".

Für a Eicht verschlagt´s ma(r) d´Red.
Ih kenn vü, denen´s schlechter geht.
„Pfüat dih Lisl, dann bis Morgn.
Ih wünsch da(r) koane größan Sorgn".

Im Wandl der Zeit

Sunnawendn,
´s Feur a(n)zündn,
an Hansl stölln,
Würstl grilln.

Funkn fliagn,
a Handal gspüarn,
an Besn schwinga,
drüberspringa.

Nachi legn,
´s gibt vül zum Redn.
´d Hitz lasst nah,
es geht tala(b).

Gwend´t und draht,
scho wird´s staad,
im Handumdrah(n)
wird Winter sa(n).

Jahresplanung

Im Früahling
ham ma(r) uns ausgmacht

dass ma(r) uns im Summer
zsammtelefoniern

wann ma(r) im Herbst
nahdenkan

ob ma(r)
im Winter Zeit ham.

Koa Verlass

Auf dih braucht ma net wettn
und scho gar net setzn.

Koan Neid

„An recht an schön Urlaub!
Wie lang bleibstd´ denn aus?"
„Heuer fahr ih net furt,
ih arbat am Haus".

Na mehr brauchstd´ net sagn.
Grad dass s´ oan net fragn:
„Bist du ganz gsund?
Du hast a Haus und an Grund?

Da hastd´ neta d´Arbat!
Für was und für wen?
Geh, dass da(r) des a(n)tuast.
Nix ham hoasst gring Lebm".

Mir gfallt, was ma(r) ghört.
Ih bi a zfrie(d)ns Leut
und hab auf eah Nixham,
koa Sekundn an Neid.

Konjunktiv

Wann ih derfat, wia ih kinnat
und wann ih tarat, wia ih möchtat
kunntat´s sein
dass ih nimmer ....
brauchat.

KREUZWEG

mih druckt´s
neta ´s Gwicht?

ih schleppt
z´vül

ih geh
ind´ Knia

ih richt mih
zsamm statt auf

a Kreuz is´s
mit mir

Lebenslauf

Früahling is   - an Ma(nn) wü(ll)s´ ham
Summer is   - koa Zeit zum Fragn
Herbst is wordn - nix mehr zum Redn
Winterzeit   - des war ihr Lebm

Mahlzeit

Es wird da(r) nix nutzn
wannstd´ a Schleimspur ziagst.

Es wird da(r) nix nutzn
wannstd´ dein Haus verschenkst.

Es wird da(r) nix nutzn
wannstd´ dih verkriachst,

du fette Schneckn Österreich
im Vogelpark Europa.

Mondflug

Durchstartn
tat ih scho gern.

´s Abhebm
taugat ma(r) ah.

In d´Luft geh
möcht ih wirklih oft.

Als Schware nimmer gspüarn,
mein des waar schö.

Oamal d´Welt mit Abstand sehng,
schadat ma(r) ah net.

In Himmö a weng näher sein,
des wünschat ih ma(r) iawönd.

Des bring ih alls zsamm,
sagt mein Psychiater,
ohne dass ih an Mondflug mach.

Mein Bam

Es hat mih zuwizogn, zu dir
hab dein Kraft gspüart
und mih zu deine Füaß
niederlassn.

Du hast mih a(n)gnumma,
bist hinter mir gstandn
und wia´s ma(r) z´hoaß wordn is,
hastd´ dih über mir ausbroat´t.

Wollt neta a weng rastn,
hab dann doh bei dir gschlafn
und in der Finstern Kraft tankt

und nächstn Tag bi ih gwachsn,
über mih außigwachsn.

Morgngebet

Was wüllstd´ denn vo mir
so bald in der Früah?
Du möchst mit mir redn?
Geh, gib doh an Friedn.

Mit harter Müah munter
kimmstd´ ma(r) scho unter.
Ih hab nix zum Sagn,
es gibt koane Klagn.

Ka(nn) allwei guat schlafn,
hab gestern vü gschaffn,
bi gsund, schau mih a(n).
´s rennt alls in der Bahn.

´s gibt gnua Sudarantn,
um de kannstd´ dih rantn.
Ih bet´ wann ih mag,
kimm nur, wann´s was hat.

Nachtschattngewächs

Erst wia´s ganz finster wordn is
bi ih gwachsn,
aus dein Schattn
außergwachsn.

Nahgebm

76

Ih brauch nia nahgebm

wann ih gleih tua was s´ wolln.

D´Nahred

Er hat
        allwei schö grüaßt
        neahmt zuwilassn
        nix auslassn
        sih auf´s Gwand gschaut
        brav garbat
        weng glesn
        vü gwisst
        hoamlih gsoffn
        und d´Menscha a(n)gafft.

Er geht
        uns voraus
        und net a(b).

Nimmer beinand

Er und sie
ham lang zsammhaltn.

Sie, d´Händ beim Betn
und er, ´s Geld.

´s Betn is a(b)kemma
und ´s Geld is gar.

Seither sans´ ausanand.

Net guat beinand

Ih moa mih hat´s bei de Augn.
Ih schau oft weg.

Ih moa mih hat´s bei de Ohrn.
Ih versteh meistens falsch.

Ih moa mih hat´s beim Herz.
Es klopft so seltn.

Ih moa mih hat´s bei der Orientierung.
Ih renn mitn Schüwö.

Ih moa mih hat´s beim Gehweri.
Ih kimm nimmer mit.

Ih moa mih hat´s beim Verstand.
Ih sag meistens ja und Amen.

Ih moa mih hat´s a weng.

Nuh net gricht

Ih bi nuh so gschafti,
mih interessiert allerhand,
nimm ma(r) all Tag vü vür,
roas nuh gern umanand.

Mein Neugierd wachst ah nuh,
wer steh bleibt fallt zruck.
Oft tauch ih ma(r) selbm a(n)
mit an hoamling Ho Ruck.

Was Neuchs gibt's zum Lerna.
Mit Freud geh ih´s a(n).
Ih muass hundert Jahr werdn,
dass ih alls macha ka(nn).

Ih hab wirklih koa Zeit,
dass ih ans Zsammpacka denk.
Es gang sowieso net,
weil mir is d´Zeit davaugrennt.

Wann der Sensnma(nn) kam,
sagat ih eahm's ins Gsicht:
„Kimm in fuchzg Jahr,
ih bi nuh net gricht.

Österreich im Ausverkauf

Bülli, günsti, Ausverkauf.
Greifts fest zua und ramts als zsamm.
Zu Flohmarktpreise gibt's heut als
was die Altn dawirtschaft ham.

Bülli hätt´ ih d´Chemie Linz,
d´OKA und ah d´Brau AG
und häufti Grund vo kloane Bauern
und Kontingente gab ih he(r).

Bankn mit geheime Kontn,
d´Steyrerwerke, Telekom.
Mia ham lauter guate Sach.
Stopfts eng voll, den langa Kragn.

Salzbergwerk und Bundesforste,
Leutln, Leutln losts doh auf!
Bahn und Post und Semparit
und d´Neutralität, gab ih nuh drauf.

Leutln kauft´s! Habts net an Guster?
´s Wasser rinnt im Mäu(l) scho zsamm?
Lauter gsunde guate Firmen
und mia san froh, wann´s weiter san.

Auf mein Humor sagstd´, hättstd´ an Blanga?
Den kannstd´ net kaufn, der is ma verganga.

Mei Sorg um´s Land kunnstd´ vo mir habm.
Na des geht ah net, de kannstd´ net datragn.

Perpetuum mobile

Am Sunder in da(r) Früah
nimm ih ma(r) vür:
Heut fang ih a(n)!
Ab morgn nimm ih a(b).

Nur aus Obst a Diät
ob´s schmeckt oder net.
Verlier bis zum Freider
neta oa Kilo, leider.

Am Samster wird gessn.
Grad a paar Bissn.
Gleih gspür ih an Druck.
Des Kilo kimmt zruck.

Am Sunder in da(r) Früah
nimm ih ma(r) vür..........

A putzigs Gschichtl

Er hat oane gheirat,
de eahm in Dreck wegputzt.

De dagegn hat bald
sein ganz´ Geld verputzt.

Drauf hat er ihr
`s Gstö(ll) putzt.

Drum hat s´zu eahm gsagt:
„Putz dih"

und iazt is des Weiberl wieder putzmunter
und putzt sih auf für den Nächstn,
dem s´ wieder nix putzt.

A putzigs Gschichtl.

Pfeiffn möcht ih

Allwei(l) öfter möcht ih:

hi und da
zeitweis
a zeitlang

auf alls pfeiffn.

´s Rollwagerl

A Wagerl steht
und schaut beri a(b).
Auf oamal kimmt oaner
der taucht a weng a(n).

Des Gfährt kimmt in Schwung.
Dahi geht's, tala(b).
Der A(n)taucher schaut eahm
voll Traurigkeit nah.

Vo hintn bis vorn
is a(n)grammt der Wagn.
Es is frei a Wunder
dass des d´Radl datragn.

Auf Schienen, wo´s net auska(nn),
fahrt´s durch, bis zum Zül.
Im Fahrplan is nirgends
a Haltestö(ll).

Vo oan End zum Andern,
es fahrt ohne Ruah.
´s Rollwagerl quitscht net,
´s rennt brav in der Spur.

Rein äußerlich

All Tag auf d´Nacht
ins Dampfbad ei(n)glegt,
d´Nagerl frisch gfeilt
und d´Öhrwaschl pflegt.

Ganz sauber kampöt,
schö gschneitzt, guat frottiert,
in Damenbart zupft
und d´Crem ei(n)massiert.

D´Fassad abigwaschn,
hab grüwöt als wia
und alle Tag u´zfriedn.
Net im Reinen mit mir.

Der Schattn

is
z´Mittag unter de Bam,
aufd´ Nacht im Kurpark,
in der Früah übern Gmüat
und den ganzn Tag unter de
Augn.

Ruhig bistd´!

Mäulstaad
is net
hirntod.

Runduma dumm

Rundum sovü Leut,
sovü Wirbl und Lärm.
Rundum sovü Trawing,
habts´ mih doh gern.

Rundum mach ih zua.
Ih bi so gern alloa.
Nix redn und nix deutn,
außer denkn nix toa.

D´Gedanka de rennan,
grad so schnell als wia d,Leut.
Runduma dumm!
Hat koaner mehr Zeit.

Schlaflos

A Weibsbüld bistd´,
net zum Beschreibm.
Du wirst mih nuh
in Wahnsinn treibm.

Du lasst ma(r) koa Ruah.
Tag und Nacht bistd´ bei mir.
Ih trau ma(r) net schlafn
sunst tram ih vo dir.

Schö tramt

Ih sitz mit dir am Waldesrand,
auf an Bankerl, Hand in Hand.
D´Vogerl pfeiffn umadum
ud warma tuat, net neta d´Sunn.

So müassat´s bleibm, mein des waar guat.
Weg vom Alltag, d´Sorgn san furt.
Ih loah mih a(n) und gspüar tiaf drinn,
dass ih alloa die Deine bin.

Und scho is´s umi, d´Sunn verschwind´t.
Leicht´s lang daucht, bis s´wiederkimmt?
A schneidigs Winderl blast durch d´Bam,
der mih zruckholt aus mein Tram.

Sprachforschung

Auf d´Frag
wann d´Aufgab gmacht wird
sagt a Kind, des englisch red´t:
AFTER

a Kind, des hochdeutsch red´t:
DANN

und a Kind, des mundart red´t:
AFTERT DANAH

Studiert ohne Abschluss

Mein Vornam is eh klar,
mein Nachnam ah.
Akademischer Grad,
des Kastl bleibt laar.
Heutzutags ohne Titl,
is fürd´ Optik net guat.
Gfragt wird was ma is,
net was ma tuat.

Ih war nia auf der UNI
und hab doh inskribiert,
mih ins Fach Pädagogik
einikniat
und scho im erstn Semester
meiner Ehe entdeckt,
a Ma(nn) is net tauglih
als Studienobjekt.

Hab mit knapp über zwoanzg
a Zusatzfach gnumma.
Drei Kinda san
in drei Jahr kumma.
Soziales und Wirtschaft
hab ih ganz guat bestandn.
D´Wirtschaft war riesig
und dauernd vorhandn.

Bald drauf hab ih gschnuppert
in Architektur.
A Häusl is baut wordn
des Nächst´ war Bodnkultur,
rundum im kloan Gartl,
mit Bam durt und da
und dann hab ih studiert:
Wia zahln ma(r) des a(b)?

Seit neuchn geht´s in Richtung
Philosophie.
Ih denk nah über d'Welt,
über´s Lebm über mih.
Des wird mih wahrscheinlih
nuh a Eicht plagn.
Je mehr dass ih grüblt,
desto mehra werdn d´Fragn.

Ih pfeiff auf´n Doktor
oder d´Frau Konsulent,
auf Nadln und Ordn.
Mir wird nix a(n)ghängt.
A Diplom is nix weiter
als a Stückl Papier.
Wichti is nur,
dass ih grad steh, vor mir.

Spuren der Zeit

* Den hätt´ ih gern.
* Ih hab dih gern.
* So hätt´ ih´s gern.
* Hab mih doh gern.

Sunnawendn

An Früahling lang
alls zsammtragn, was da war
und schö aufgschlicht.

D´Sunn hat sih gwendt.
Unterkent!
Lang hat´s brennt.

Traummännlein

Sie war a Traum-Weiblein
des den Ma(nn) ihrer Träume
gsuacht hat.

Wia s´ munter wordn is
hat s´ ei(n)gsehng:
Träume san Schäume,

beinand mit an Schaumschläger.

Umlerna

Dawei(l) d´Kinder kloa san
fragn s´ oan a Loh in Bauh.

Daucht net lang
und es kimmt die Zeit
wo ma nimmer alls sagn derf.

Im Handumdrah hoaßt´s:
„Mama, sein net so neugierig"

und heut bi ih froh,
dass ih net alls woaß.

Tod - Geburt

Was Schöns hab ih gsehng.
Sofurt möcht ih´s habm!
Wia kriag ih´s , was kost´s?
Ka(nn) ´s Wartn net gratn.

Kaum hab ih´s in Händn
is der alte Wunsch gstorbm
und a neuche Begierde
wird in mir geborn.

Verbalismus

Wann ih dih siag
verschlagt´s ma(r) d´Stimm.

Wann ih dih hör
bleibt ma(r) ´s Wort im Mund stecka.

Wannstd´ in meiner Nähat bist
woaß ih net, was ih sagn soll.

Wann ih an dih denk
richt´t mein Körper übers redn.

Du machst mih wortlos
net sprachlos.

Verkehrt

Mih wundert´s net
dass der Mensch net umkehrt,
er woaß nämlih nimmer
wo er hi(n)ghört.

Waschtag

Einsoafing
woagga lassn
rüwöln
Fleck behandln
ausbloacha
einfara(b)m
schleudern
in Wind hänga
austrickan
niederbügln
und wegrama.

Was früaher Wäscherinnen gmacht ham
tan heut Politiker.

Wann ih kunnt wia ih möcht

Ih hab in Fasching net gfeiert,
net glumpt und net gschlemmt,
koa oanzigs mal gsoffn
und war nia enthemmt.

Brauch ´s Fastn net fürchtn,
hab mih gscheit in der Hand.
Doh hätt´ ih ta(n), wia ih möcht,
hätt´ oa(n) Beichttag net glangt.

Wechsldusch

Hitz im Gsicht und Ganslhaut,
wann er ihr kurz in d´Augn schaut.

Warme Welln und Haar aufstölln,
er ka(nn) den größtn Schmarrn dazöhln.

Hoaßkalt, kalthoaß, a Wechsldusch.
Er installiert privat an Pfusch.

D´Rechnung kimmt, da wird ihr kloar,
dass´s Investiern a Blödsinn war.

Wechseljahr

Im Alter unberechnbar.
Der Blanga bleibt net, wia er war.
Irwönd wird ma(r) Angst und Bang.
D´Wechsljahr san voll im Gang.

Iazt möcht ih des und nachand das.
Bald is ma(r) z´hoaß und gleih drauf z´nass.
Reiß ´s Fenster auf, mach´s wieder zua
und d´Farb vom Gsicht, passt ah dazua.

Mein Waag woaß ah net, solls mih w(i)egn.
Am Gscheidan waar´s, ih steig danebm.
Heut druckt´s mih durt und morgn da.
Mein Frohnatur, sie wechslt ah.

Bald möcht ih alls, am Bestn gleih.
Was heut nuh gült, is morgn vorbei.
Gibt mein Ma(nn) sein Senf dazua,
is weng scho z´vül und ih hab gnua.

Wann ih was sag, is vül - weit zweng.
Eahm lasst alls kalt, siagt´s net so eng.
Vielleicht hat er desselbe Leidn?
Ih frag net nah, ih mag net streitn.

Doh hab staad wart, des passt ma(r) zsamm.
D´Wallungen plagn eahm scho lang.
D´Wechseljahr ham a die Herrn,
vo Mitte Zwoanzg, fast bis zum Sterbm.

Werkmoaster

Handwerker san Leut,
de Hand a(n)legn
a Werk zsammzimmern.

Mundwerker san Leut,
de ´s Mäul oft habm
und nix zsammbringan.

Wer mit Eifer sucht

Sie hat
bis ins letzte Loh nachigfragt,
d´Hosnsäck umdraht,
d´Rocktaschn ausgramt,
an der Unterwäsch gschnüfflt,
´s Geldtaschl durchgsuacht,
d´Kontoauszüg studiert,
in Tacho kontrolliert,
´s Handy inspiziert

und an Schmarrn gwisst.

Wertigkeiten

Mei Frau is
in der Früah a Morgnmuffö,
z´mittag fix und fertig,
auf d´Nacht total erledigt,
in der Nacht tramhapat
und zwischendrinn net zum Braucha,

aber schö zum A(n)schau.

Wia geht´s?

.......na, net dir,
sondern deine Kinder!

Was san s´?
Was tan s´?
Was ham s´?
Wo san s´?

Über was redat wohl mein Bekannte mit mir,
wann ih koane Kinder hätt?

Wia Sonn und Mond

112 Wann sie kimmt
muass er geh,
weil sih allwei alls
um sie draht.

Wiederholung

Wiederholn hoaßt:
Nuh amal macha,
dazualerna, verbessern.

Drum nennt ma´s in der Politik
net Wiederholung,
sondern neue Amtsperiode.

XXXL passt ma(r) net

Es gibt Leut
de kemman ma(r) vür wia a z´groß Gwand:

Auf da oana Seit blodan s´,
auf der andern Seit spreitzn da sih
und ma ka(nn) sih leicht dra(n) haspln[1].

Sie ham koan guatn Schnitt
und net mei Größt.

1) haspln = verfangen, darüberfallen

Wurzlbüldung

Ih war a Häuslma(nn)mensch[1]),
hab mih früaher schwaar ta(n),
wann mih d´Leut gfragt ham:
Wen ghörst denn du a(n)?

Wia ih halbgwachsn war,
hätt´ ih gern vornehm gred´t.
Zwieder[2]) war´s, hat wer gsagt:
Du hast an schön Dialekt.

Hat wer gred´t übern Glaubm,
war ih hoamlih und stü(ll).
Hab denkt, braucht neahmt wissn
dass ih glaub an a Zü(l).

Hab d´Wurzln verlaugnt[3]),
war schwach auf´n Füaßn.
Erst heut bi ih stolz drauf.
Hab älter werdn müassn.

1) Häuslma(nn)mensch = Kind aus einer kleinen Landwirtschaft
2) zwieder = peinlich, unangenehm
3) verlaugnt = verleugnet

D´Zeit is a Zigeunerin

116

Koaner woaß wo s´ herkimmt,
neahmt woaß wo s´ hi(n)geht

und net nur ih
gang gern mit ihr.

Zeitraffer

Mit fünf war er a Büss,
mit zehn a Heping,
mit fuchzehn a Gretzn,
mit zwoanzg a Raudi

und sei Lebtag
vo Zeit zu Zeit a Ra(u)fer.

Zweisprachig

„Weißt du Oma,
ich besuche einen Kindergarten,
in dem wird englisch gesprochen".

„Du bist ja ganz a gscheits Mädi.
Derfstd´ im Kindergartn ah boafuaß[1)] renna?"

„Oma, sprich bitte deutsch mit mir."

1) boafuß = mit nackten Füssen

Ih hab mih zsammgwachsn

Als jungs Gemüse war ih oberflächlih.

Mit de Jahr bi(n) ih vom Flachwurzler zum Tiafwurzler wordn.

Z´weit ganga

Wann mehr daunigeht
als was zuwageht,
und hint und vorn nix zsammgeht
braucht´s oan net wundern
wann´s vernandgeht.

Zwischenbilanz

Auf des was gwen is
zruckschau,

des was net guat war
vergessn

und des was passt hat
mitnehma

in a neuche Zeit.

Alphabetische Worterklärung

a(n)pumpan	= anklopfen
ausanand	= verwirrt
Baraberer	= Hilfsarbeiter
boafuass	= mit nackten Füßen
bozat	= voller Knospen
dadier da dar	= vertrocknet er dir
Doan	= Dame
Feiramd	= Feierabend
Flausn	= Ideen
fösln	= wiederholt auf die Türklinke drücken
Fotz	= Gesicht
Gaudi	= Spaß
geicht	= geeignet
Gflenat	= weinen
haspln	= verfangen, darüberfallen
Häuslma(nn)mensch	= Kind aus kleiner Landwirtschaft

höda	= viel mehr, viel besser, viel lauter .....
kreilt	= kriecht
laab	= faul, fad
legazt	= leckt
Moda	= Montag
schert	= kümmert
siebmseidan	= dünn, fein, durchsichtig
sperranglweit	= bis zum Anschlag offen
verlaugnt	= verleugnet
verquandn	= verkleiden
Weretag	= Werktag
zwieda unangenehm	= peinlich,

Inhaltsverzeichnis

Widmung 1
Wia wann nix waar 3
Hint umi 4
A A zvül 5
Abstieg 7
Artgerechte Haltung 8
Augenblick 9
Ausdeutscht 10
Ausrama 11
Auszeit 12
Batznlippö 13
Bamal 15
Bauernmuseum 16
Befreundet 17
Behindert 18
Beschützer 19
Brauch – ih net 20
Brauchbar 23
Büldung 24
Charakter 25
Dardier-da-dar 26
Der Autorin ihr Ma(nn) 27
Der guat Wülln 29
Der Fasching und ih 30
Dirigent 31
Die Allerbesser 33
Dominoeffekt 34
Ein Mann ein Wort 35
Durch die Blume 37
Dürreperiode 39
Ei(n)büldung 40
Epidemie 41
Es war einmal 42

Fahrt ins Blaue	43
Familientreffen	44
Floskeln	47
Frei – Net zum Glaubm	48
Früher und heut	49
Gegn d´Natur	50
Genau betracht – vüseiti	51
Gene	52
Gott zum Gruaß	53
Grenzenlos	55
Guate Nacht	56
Hand in Hand	57
Hast du koa Arbat?	58
Herbstln tuat´s	59
Herzschmerz	60
Ih mach ma(r) Sorgn	61
Im Wandel der Zeit	63
Jahresplanung	64
Koa Verlass	65
Koan Neid	66
Konjunktiv	67
Kreuzweg	68
Lebenslauf	69
Mahlzeit	70
Mondflug	71
Mein Bam	73
Morgengebet	74
Nachtschattengewächs	75
Nahgebm	76
Nahred´	77
Nimmer beinand	78
Net guat beinand	79
Nuh net gricht	80
Österreich im Ausverkauf	81
Perpetuum mobile	82
Putzigs Gschichtl	83

Pfeiffn möcht ih	85
Rollwagerl	86
Rein äußerlich	87
Schattn	88
Ruhig bistd´!	89
Runduma dumm	90
Schlaflos	91
Schön tramt	92
Sprachforschung	93
Studiert ohne Abschluss	94
Spuren der Zeit	96
Sunnawendn	97
Traummännlein	98
Umlerna	99
Todgeburt	100
Verbalismus	101
Verkehrt	103
Waschtag	104
Wann ih kunnt wia ih möcht	105
Wechsldusch	106
Wechsljahr	107
Werkmoaster	108
Wer mit Eifer sucht	109
Wertigkeiten	110
Wia geht´s ?	111
Wia Sonn und Mond	112
Wiederholung	113
XXXL passt ma(r) net	114
Wurzlbüldung	115
Zeit is a Zigeunerin	116
Zeitraffer	117
Zweisprachig	118
Zsammgwachsn	119
Zweit ganga	120
Zwischenbilanz	121

Vorwort / Nachwort

Einen ersten gelungenen Schritt in die Mundartdichtung setzte Hildegard Mair mit ihrem Erstlingswerk „ Net lauwarm – net zwiezah" anfangs vielleicht noch etwas zaghaft und Halt suchend. Mit ihrer zweiten Buchveröffentlichung „vo hint umi" steht sie bereits auf festen Beinen mitten im Mundartgeschehen. Ihre Selbstsicherheit spiegelt sich deutlich im Buchtitel, kommt noch besser im Titelbild zum Ausdruck. Der Körper von Sohn Stefan, die Hände Hildegards „vo hint umi" – unverhüllte Bilder von ihm, unverhüllte Texte von ihr. Symbolik mit starker Aussagekraft: ein perfektes Zusammenspiel nackter Offenheit und fesselnder Tatsachen.
Hildegard Mair ist wahrlich keine Frau, die verbal „hinterrücks" agiert. Ihre Meinung, ihre Argumente versteht sie sehr wohl gerade heraus zu sagen. Literarisch jedoch liebt sie es, den Leser auch auf die Schattenseite zu führen, den Gedanken aber immer das „Hintertürl" offen zu lassen. Aus vielen ihrer Texte, vor allem aus dem Gedicht „hint umi" geht diese Absicht klar hervor.
Einfühlsam und berührend bezieht sich der erste Text auf die erst kürzlich verstorbene Mutter, der sie auch dieses Mundartbuch widmet. Die weiteren Gedichte sind alphabetisch angeordnet und bereiten sowohl in ihrer gereimten als auch ungereimten Form und in ihrer Themenvielfalt eine willkommene Abwechslung. Ehrlich und gefühlsbetont legt sie ihre Seele frei, weiß sich aber auch gekonnt ihrer Haut zu wehren. Eine eindrucksvolle Darbietung, durch die die wortgewaltige Prambachkirchnerin nicht mehr wegzudenken ist; nicht vom Stelzhamerbund, wo sie nunmehr die wichtige Aufgabe der Bezirksreferentin von Eferding übernommen hat, noch von der Gruppe „neue Mundart".
Egal ob das Buch „vo hint umi" von vorne nach hinten oder von hinten nach vorne gelesen wird, es gibt ein Stück Hildegard Mair preis, wozu ich ihr recht herzlich gratuliere und viel Erfolg wünsche.

Engelbert Lasinger